8°Z
LE SENNE
5468

PARIS
TUERA LA FRANCE!

Paris.—Imprimerie Bonaventure et Ducessois,
quai des Grands-Augustins, 55.

PARIS
TUERA LA FRANCE!

Nécessité de déplacer

LE

SIÉGE DU GOUVERNEMENT,

PAR

L. DAVÉSIÉS.

PARIS
DENTU, LIBRAIRE, PALAIS-NATIONAL.

1850

I

INSUFFISANCE DES MESURES PRISES OU PROPOSÉES CONTRE LES DANGERS DE LA SITUATION.

Décentralisation. — Translation des usines parisiennes. — Réforme de l'enseignement. — Compression permanente. — Invasion imminente.

Aurions-nous résolu les éternels problèmes du contrat social, jouirions-nous de la meilleure des constitutions possibles, les résultats en seraient toujours précaires et la durée incertaine, tant que nos destinées dépendraient d'une population possédée du démon révolutionnaire. Or, aucune des mesures opposées jusqu'à présent aux effets de la démagogie parisienne ne se recommande par une énergie suffisante.

Les conseils-généraux des départements, déclinant la solidarité des insurrections futures, ont revendiqué le droit et même l'obligation légale de réagir spontanément contre tout gouvernement usurpateur. Une loi conforme à ce vœu donnerait au pouvoir constitutionnel le temps de se remettre d'une surprise et de recouvrer sa liberté d'action ; mais elle ne suffirait pas pour circonscrire la révolte dans le périmètre des fortifications de Paris. La grande cité, siége de tant de monopoles, n'a pas gardé celui des utopies et des mauvaises passions. Les contre-coups de ses orages sont préparés de longue main dans les provinces par une active propagande, et des courants électriques parcourant la France dans toutes les directions peuvent y allumer sur mille points à la fois le feu de la discorde et de la guerre civile.

La démagogie, d'ailleurs, n'a pas besoin d'une victoire sanglante pour accomplir son œuvre de destruction ; elle a un système d'agitation et d'oppression morale plus à craindre que des batailles. Les départements repousseraient ses agressions armées et se débarrasseraient de ses proconsuls. Mais que peuvent-ils contre ces doctrines sauvages qui démoralisent les populations ouvrières, contre ces menaces qui paralysent l'industrie et le commerce, contre ce souffle de l'anarchie qui tarit toutes les sources de la fortune publique?

Indépendamment de cette décentralisation politique proposée comme expédient transitoire dans le cas d'un triomphe momentané des factions, on demande aujourd'hui de toutes parts la décentralisation administrative; mais une réforme de cette nature, évidemment nécessaire dans certaine mesure et dans la limite de certains intérêts, ne pourrait dépasser cette limite qu'en compromettant l'unité nationale. Le fait le plus persistant de notre histoire est la lutte des provinces contre le pouvoir souverain. Je ne sais si, depuis Hugues Capet jusqu'à Louis XV, on citerait plus d'un règne qui n'eût pas vu quelque partie du territoire français aux prises avec l'autorité centrale. L'obstacle le plus sérieux à la concordance de ces prétentions diverses était cette organisation féodale qui attribuait à des vassaux et à des assemblées provinciales l'administration de la plus grande partie du royaume. L'unité politique n'a réellement commencé en France qu'avec la centralisation administrative.

Laisser au libre arbitre des départements le vote entier de leurs budgets, la gestion de leurs propriétés et l'emploi de leurs richesses, leur accorder enfin les droits des États de l'ancien régime, ce serait rompre dans les mains du pouvoir le faisceau de nos ressources nationales, ce serait renoncer à cette direction suprême de nos forces concentrées, instrument et sauvegarde de notre puissance. Il n'y a plus de feudataires pour exploiter chaque localité au profit de leur ambition personnelle, mais il y aura toujours des intérêts contraires, dont la divergence, suscitant mille rivalités entre les populations, détruirait peu à peu cette unité que l'Europe nous envie. « Le ministre ordonne, a écrit quelque part un de nos publicistes, le préfet transmet, le maire exécute, les arsenaux se remplissent et se vident, les armées se rassemblent, les vaisseaux marchent, et la France est sur pied. » Il ne faudrait plus compter sur cet ensemble de volontés et d'efforts, si l'État n'avait plus à sa disposition les forêts, les mines, les cours d'eau, les ports, les routes des départements, et s'il n'étendait plus sa curatelle sur toutes les forces vives, comme son autorité sur toutes les divisions territoriales de l'empire.

Il est des intérêts purement départementaux qui peuvent être sans inconvénients dirigés d'une manière souveraine par les représentants des localités; mais il en est d'autres supérieurs, qui, participant à la fois des besoins locaux et des intérêts généraux de la société, doivent évidemment relever en dernier ressort du pouvoir central. A ce point de vue, nos lois départementales et communales, il faut le reconnaître, sont susceptibles d'améliorations. Elles devraient laisser aux administrations et aux assemblées locales plus de liberté dans la limite de leurs attributions actuelles, et même étendre la sphère de ces attributions. Il y a aussi des simplifications importantes à introduire dans le système des services publics et des rouages administratifs. Enfin, une part beaucoup plus large devrait être faite à l'industrie privée dans les grands travaux dirigés par l'Etat, comme dans les productions des objets nécessaires à l'entretien et à l'armement de la flotte et de l'armée. Mais ces réformes de détails ne relâcheraient pas les liens qui rattachent chaque parcelle de la France à un centre commun, et si elles étaient assez radicales pour que les mouvements déréglés du cœur cessassent d'affecter toute l'harmonie organique, cette solution de continuité entraînerait infailliblement la dislocation du corps national.

Les partisans exagérés de la décentralisation s'appuient sur l'exemple des États-Unis ; mais ils oublient que n'étant pas entourée de pays rivaux ou ennemis, l'Amérique ne saurait jamais se trouver, comme la France, dans la nécessité de mettre sur pied quatorze armées à la fois, ou de porter sur un point, à un moment donné, une masse de quatre cent mille hommes. Il n'est pas de comparaison possible entre des situations si disparates; et toutefois, si dans la courte existence de la république américaine se sont déjà produits des germes de dissolution, c'est surtout dans l'indépendance administrative de ses États qu'on les découvre.

On cite également l'Angleterre, dont les paroisses sont beaucoup plus émancipées que nos communes; mais dans la Grande-Bretagne la *vestry* et ses délégués, qui forment l'administration paroissiale, sont volontairement soumis à l'influence d'une aristocratie propriétaire de presque tout le territoire, patriciat aussi homogène et plus puissant que celui de la république romaine. On peut sans danger abandonner à un tel corps la haute direction des affaires provinciales, parce que l'intérêt général se personnifie dans chacun de ses membres.

Un exemple plus décisif pour nous à cet égard est celui de l'empire romain, florissant par l'unité administrative, et démembré par l'abus de la centralisation. Ces grandes ruines ne se font pas en un jour, mais progressivement; elles n'en sont pas moins irréparables. On peut leur appliquer ce que dit M. Villemain à propos des littératures et des langues : « Les « peuples ne s'aperçoivent pas d'abord qu'ils « changent, qu'ils descendent, qu'ils dérivent, « et puis tout-à-coup ils se trouvent ailleurs. » Tel serait le sort de la France, si elle rompait le nœud qui rassemble les divers éléments de sa nationalité.

2

Une troisième réforme est proposée. C'est un retour à la pensée de Napoléon qui s'efforçait d'éloigner de la capitale les ateliers nombreux et les grandes manufactures. Depuis 1820, ces établissements, multipliés outre mesure à Paris et dans sa banlieue, y attirent une population de prolétaires dont les meilleurs instincts, égarés par le matérialisme, voués à tous les leurres des utopies, à toutes les aberrations politiques et sociales, deviennent l'instrument aveugle de la démagogie. C'est par eux que le 24 février nous imposait l'épreuve inattendue d'un gouvernement républicain, c'est par eux que tant de journées révolutionnaires eussent refoulé la France, sous prétexte de progrès, dans des voies abandonnées de l'humanité depuis quatre ou cinq mille ans. Il faut, dit-on, dissoudre une agglomération qui fait contrepoids à la souveraineté nationale, et interdire aux usines le département de la Seine, pour n'y laisser que des entrepôts de leurs produits.

Ce déplacement serait salutaire sans doute; mais outre qu'il donnerait lieu à des indemnités fort onéreuses, il ne pourrait jamais être assez complet pour assurer l'équilibre et le repos de la population parisienne. Elle devrait toujours, en effet, conserver les corps d'états indispensables à une grande ville, personnel plus nombreux et aujourd'hui plus séditieux que celui des fabriques ; car les ouvriers animés du plus mauvais esprit sont précisément ceux qui reçoivent les plus forts salaires. Ce n'est pas tout. Les ateliers proscrits se grouperont tous, dans un rayon aussi rapproché que possible, autour de leur centre de consommation, et au premier signal ils y jetteront des masses de combattants d'autant plus redoutables qu'elles seront moins attendues. Enfin, Paris était un foyer de révolutions avant d'être une ville de manufactures. L'éloignement d'une partie de sa population ouvrière ne serait donc qu'un palliatif très-insuffisant.

Le mal est dans les esprits, dans les cœurs, et c'est de là qu'il le faudrait extirper. D'éminents citoyens, des amis de la patrie, se sont associés dans ce noble but ; ils ont ramené aux vrais principes quelques esprits droits, quelques consciences honnêtes ; ils ont préservé quelques communes de la contagion ; mais ils n'agiront pas sur la masse des socialistes de Paris, malheureuses dupes qui n'ont plus d'yeux ni d'oreilles que pour les décevantes promesses de la fausse science. L'homme ne renonce pas généralement à l'hérésie qui flatte ses passions. Il en est de la vérité sociale comme de la vérité religieuse, ce sont les passions et non les intelligences qui ne peuvent s'y accommoder. Raison de plus, sans doute, pour nourrir les nouvelles générations des principes de la vraie religion et de la vraie politique. Chose remarquable ! le plus éloquent des sophistes, un de ceux qui ont le plus contribué aux excès de la réaction philosophique du xviiie siècle, Rousseau, déclarait impossible une société de chrétiens ; et voilà qu'aujourd'hui les hommes d'État, les orateurs et les publicistes les moins suspects d'engouement, proclament l'impossibilité de rendre à la France un avenir d'ordre et de progrès sans le secours du christianisme ! Impuissants pour satisfaire une multitude fanatique de convoitise, réduits à la nécessité de la réconcilier avec la pauvreté, avec le travail et toutes les rigueurs de la condition humaine, ils sentent que le pauvre et le riche ne peuvent plus se rencontrer pacifiquement que sur le terrain de la résignation et de la fraternité évangéliques, que la religion devient dès lors la pierre angulaire de l'édifice social, et que pour accorder désormais les volontés individuelles, il est absolument nécessaire de modifier l'état des intelligences et des âmes. Mais la foi ne se décrète pas, et avant que la société soit ramenée aux croyances de ses pères par un système d'éducation approprié aux besoins de l'époque, la génération actuelle peut disparaître dans le gouffre ouvert par la démagogie parisienne.

On contient aujourd'hui la population communiste comme on l'a combattue, par la force matérielle. C'est un préservatif auquel il faut bien recourir en présence d'un péril imminent, mais qui ruine le Trésor et plus encore le crédit moral de l'autorité. Un pouvoir tenu en échec dans sa capitale, et vivant au jour le jour sous la protection de quatre-vingt mille baïonnettes, finirait par perdre sa popularité, et ne pourrait prétendre à cette indépendance sans laquelle un gouvernement est à la merci des événements extérieurs.

Or, jamais la libre disposition de ses forces n'a été plus nécessaire à la France que depuis la dernière révolution de Paris.

L'espèce humaine a suivi jusqu'à présent une loi de gravitation aussi évidente que le cours des astres. Elle s'est avancée comme eux d'Orient en Occident, et sauf quelques déviations et quelques retours, cette marche a été périodique, parce qu'elle résultait de la conformation du globe et du besoin de ses habitants. Les peuplades de l'Asie Orientale, vivant sans patrie sous ce régime de la tribu, que le communisme voudrait nous rendre à titre de perfectionnement, épuisent promptement leurs terres et sont bientôt obligées d'en chercher de nouvelles. Au Nord, elles trouvent les glaces polaires, à l'Est l'Océan, au Sud la Chine, qui regorge de population : force leur est de se diriger vers l'Ouest; de sorte que les masses d'hommes qui se multiplient de l'équateur au pôle boréal affluent constamment vers le sommet du triangle formé par les continents d'Asie et d'Europe. Resserrées et retenues par la civilisation dans ces limites étroites, elles en débordent à la fin, et, poussées encore vers l'Occident, elles vont demander à l'autre hémisphère espace et liberté; mais cette dernière migration est toujours la conséquence douloureuse de l'encombrement.

De temps à autre, un grand homme se rencontre qui remonte et ralentit ce courant; mais il ne l'arrête pas. Les peuples, dans leur folie, détruisent de leurs mains les digues qui les préservaient, et de nouveau le torrent se précipite. Après Théodose, les Vandales et tous les Barbares de la grande invasion traversent le Rhin et les Alpes. Après Charlemagne, les Normands s'établissent en Gaule, en Italie, en Sicile. Après Frédéric Barberousse, les Turcs s'avancent jusqu'aux portes de Byzance. Après Napoléon, la Russie entre deux fois à Paris, franchit les Balkans, dicte un pacte de vasselage à l'Ottoman vaincu, domine les principautés danubiennes et se prépare un libre passage vers Constantinople et vers l'Adriatique entre l'Autriche, son alliée, et la Turquie, sa victime.

A ce flot qui monte toujours, nous opposions naguères la digue des nationalités. Que faisons-nous aujourd'hui? ou plutôt que fait Paris? car la France n'est pour rien dans l'ébranlement actuel de l'Europe. Paris, par son influence révolutionnaire, détruit les liens de la vie internationale, nos remparts politiques, et provoque les coalitions et les guerres de races. Pendant que le despotisme de sa démagogie compromet l'unité française, sous la pression de sa propagande l'unité allemande tend à se reconstituer pour s'unir un jour contre nous à l'immense famille des peuples slaves. Paris en un mot soulève le monde pour le faire retomber sur la France.

Et qu'avons-nous à gagner à un pareil conflit? Il y a en Europe soixante-seize millions d'hommes de race romane, contre cent vingt-cinq millions de langue slave et de langue tudesque appuyés des innombrables tribus que l'Asie met toujours au service de leur coalition. Toute compensation faite des sympathies et des répugnances dont nous pouvons être l'objet, est-il sensé de notre part d'attirer le genre humain sur sa pente naturelle, et de risquer contre lui notre avenir au jeu de la force et du hasard? Nous sommes sans doute une puissante nation, mais notre puissance n'est pas à l'épreuve de tous les embarras que peut nous susciter la démence révolutionnaire de notre capitale; nous ne pourrions nous défendre à la fois contre elle et contre l'univers, et si nous voulons pour longtemps encore une France au monde, il importe de réduire à de justes proportions cette prépondérance démesurée d'une cité française.

Surveillance armée, résistance des départements, épuration de la capitale, propagation des saines doctrines, réforme de l'administration et de l'éducation publique, répression de la mauvaise presse, tous ces moyens peuvent ne pas suffire pour nous sauver de la décadence et de l'invasion étrangère. De tels dangers réclament en outre une mesure plus énergique et plus locale, qui attaque le mal dans le vif et ne lui laisse pas la possibilité de renaître.

II

NÉCESSITÉ DE DÉPLACER LE SIÉGE DU GOUVERNEMENT.

Nos conquêtes constitutionnelles toujours perdues par la faute de Paris. — Conspiration d'Étienne Marcel. — Paris cabochien. — Paris armagnac. — La Saint-Barthélemi. — Paris ligueur.—Paris frondeur.—Paris jacobin.

Ce remède radical et sans lequel tous les autres seraient impuissants, c'est la translation du gouvernement hors de Paris.

L'influence de Paris n'est si expansive et si funeste que parce que cette ville domine le pouvoir dont elle est le siége. A la faveur de cette position spéciale, elle a, dans toutes les crises politiques, accaparé l'impulsion dirigeante; et le pays, dans l'impossibilité de se mouvoir spontanément, ou même de produire l'expression résumée de ses volontés, s'est habitué à laisser sa capitale agir et parler pour lui. Or, Paris se trouve toujours sous l'empire de certaines circonstances locales et de certaines prétentions personnelles. De là un désaccord inévitable entre les intérêts nationaux et les résultats amenés par les manifestations et les actes de la métropole.

Ouvrez l'histoire, vous y verrez toujours l'œuvre ou la pensée collective de la France, faussée ou détruite par l'action individuelle de Paris, et les malheurs de notre patrie découler des fautes de cette cité, rendue ingouvernable par ses habitudes avec le gouvernement.

Cette antithèse perpétuelle de l'État et de la cité, du pays et de la capitale, me paraît renfermer des enseignements jusqu'ici trop méconnus et dont, aujourd'hui plus que jamais, il y aurait lieu de tenir compte. Car il ne faut pas croire qu'il n'y ait pas de références possibles du Paris d'autrefois à celui de nos jours. Ce sont toujours les mêmes hommes sous des costumes différents, c'est toujours la population la plus nombreuse, recrutée dans toutes les parties de la France, en contact avec le pouvoir et prête à se mettre au service du premier ambitieux qui veut exploiter cette situation.

Les États-Généraux de 1355 aboutissent de prime-saut à la promulgation d'une charte qui laissait bien loin derrière elle, dans les voies de l'égalité et de la liberté, la grande charte anglaise. Les députés des provinces, pour rentrer dans leurs foyers, confient leur œuvre aux mains de la députation parisienne. Dès-lors tout est perdu. Un triumvirat parisien se forme pour soulever la population de la capitale et gouverner sous le nom de Charles-le-Mauvais, après avoir détrôné le roi. Et quel roi? Le plus vaillant guerrier de l'Europe, qui venait d'arroser de son sang le champ de bataille de Poitiers, et, resté seul debout au milieu de sa chevalerie moissonnée, frappait de sa hache tout ce qui l'approchait, afin de mourir pour l'honneur de la France. C'était de ce front balafré par les épées anglaises, que les boutiquiers de Paris voulaient arracher la couronne pour la poser sur la tête d'un assassin! Le seul obstacle à ce projet était le fils du glorieux captif, le dauphin qui fut Charles V, et qui, parvenu au trône, ne trouvait les rois heureux que parce qu'ils peuvent faire du bien. Pour le déposséder du sceptre, Paris, ouvrant ses prisons, relâcha les meurtriers, les empoisonneurs, les faussaires, et après les massacres exécutés par cette affreuse armée, la ville rebelle, menacée du retour du régent à la tête d'une armée française, ne vit rien de mieux à faire que de se livrer aux troupes anglo-navarroises.

Supposez les états et le dauphin dans un des châteaux des bords de la Loire, aucun de ces crimes n'était possible, et la France, conservant sa charte, anticipait de quatre siècles une partie des libertés de 1789.

Ces libertés déjà obtenues, Charles V, comme Napoléon, dut les sacrifier au salut du pays. Il n'aurait pu vider le royaume de ses ennemis d'Angleterre, selon l'expression de Duguesclin, s'il n'avait tenu Paris serré, comme dans un étau, entre le Louvre et la Bastille.

Au gouvernement d'un sage succède l'intolérable tyrannie des oncles de Charles VI. La France est taillée à merci. Plusieurs villes se soulèvent pendant la campagne de Flandre, et les Parisiens s'arment de leurs maillets de plomb. Quel usage en font-ils? Ils assomment les receveurs qui n'en peuvent mais, pillent les caisses publiques, comme tels de nos socialistes se proposent de le faire à la première occasion, et puis quand le jeune roi revient, après sa victoire de Rosebec, à la tête de quelques bataillons, au lieu de réhabiliter leur bannière en réclamant au nom de la France la convocation des états et la restauration des franchises nationales, ils tombent aux pieds d'un despote de quinze ans, et se laissent jeter dans des sacs à la rivière. Paris dominait déjà dans ce temps les destinées des provinces. En apprenant la soumission de la capitale, les autres villes insurgées se résignèrent, et laissèrent les bourreaux faire leur commission.

Deux maisons royales se disputent le pouvoir du roi devenu fou. Le chef de l'une égorge le chef de l'autre. La France prend le parti de la victime, Paris celui de l'assassin, et le pays d'entre Seine et Loire, inondé de Gascons et de Flamands, devient le théâtre d'une guerre de dévastation dont le but est la possession du Louvre. Qui tient le Louvre est seul réputé maître de la France.

Les Parisiens se donnèrent donc corps et âme au meurtrier, qui leur promettait des réformes politiques malheureusement trop nécessaires. Entre la démence du roi et l'usurpation du duc il n'y avait plus que la faible autorité du dauphin, jeune prince incapable et dissolu. Le duc la neutralisa en jetant au milieu des fêtes de l'hôtel Saint-Paul des masses d'émeutiers qui gourmandaient insolemment l'héritier présomptif de la couronne, et arrêtaient sous ses yeux toute sa cour pour la traîner en prison. Les bourgeois croyaient recouvrer ainsi leurs libertés, grâce au pouvoir populaire d'un prince des fleurs de lys ; mais, débordés par la populace, ils tombèrent sous le joug des truands, des valets de boucherie et de leur digne chef, l'écorcheur Simon Caboche. C'étaient les rouges de ce temps-là.

Les Parisiens eurent peur de leur ouvrage. Mais la popularité de leur ami le duc Jean ne reculait devant rien, pas même devant le bourreau, dont il pressait amicalement la main, sauf à profiter de la première occasion de lui faire trancher la tête. Voyant donc l'ascendant passer aux Cabochiens, ce fut sur eux qu'il s'appuya. Il leur livra la signature du roi, la fortune, la liberté, la vie de ses sujets. Jean Gerson lui-même fut obligé de se réfugier dans les combles de Notre-Dame, tandis qu'on saccageait sa maison. Les Parisiens, pillés, ruinés, forcés de faire le guet jour et nuit, eurent la consolation de voir leurs Cabochiens mener un train de princes. Paris avait fait de l'agitation pour une réforme; il eut ce que beaucoup d'honnêtes gens appellent aujourd'hui une république démocratique et sociale.

Enfin les bourgeois se comptèrent, se levèrent en masse, et mirent sans trop de peine à la porte le duc et ses bouchers, qui voulaient faire de Paris un abattoir humain. Mais voyez ici l'inconséquence de cette population, qui est bien la même dans tous les temps. Elle avait obtenu, avant la fuite de Jean-sans-Peur, cette réforme si désirée. OEuvre d'une assemblée composée de mandataires de la ville et de membres de l'Université, cette ordonnance de

1413 formait un code administratif qui ne rétablissait pas tous les grands principes de 1355, mais qui ouvrait la voie salutaire de la séparation des pouvoirs, protégeait la liberté individuelle et surtout les fortunes privées, contenait enfin certaines dispositions susceptibles d'enrichir encore notre législation actuelle. C'était là ce que les Parisiens auraient dû conserver, et rien ne leur était plus facile.

Tout au contraire, ils firent litière de ces lois à l'ambition des princes et aux rancunes de leur parti. Rapportées dans un lit de justice, nonobstant des serments récents et solennels, elles ne trouvèrent pas un seul défenseur dans cette haute bourgeoisie parisienne qui les avait tant préconisées, et dont les représentants étaient si nombreux au Parlement, à la Sorbonne, à la Chambre des Comptes, au Conseil du Roi ! L'Université qui aurait pu protester, du moins par son silence, contre les excès de la réaction, les approuva par des lettres dressées solennellement dans une assemblée générale tenue le 1er décembre, à Saint-Mathurin.

Et le peuple qui la veille délibérait comme

une cité libre sur le choix de la paix ou de la guerre, le peuple qui formait à lui seul une puissante armée, et qui n'en avait plus aucune à craindre (car celle des princes était licenciée), maître par conséquent de la situation, et pouvant non-seulement conserver le Code administratif de 1413, mais restaurer la Charte de 1355, le peuple de Paris entendit sans murmure proclamer dans ses carrefours ce décret d'abolition qui replongeait la France dans le chaos de l'arbitraire.

Les Parisiens avaient souffert. Las d'agitation, ils se livrèrent sans garanties à des princes qui les avaient assiégés et menacés de sac et d'incendie. Seraient-ils donc incapables de demeurer dans la région du bon sens, et toujours prêts à sacrifier l'intérêt national à leurs impressions et à leurs besoins du moment? Nous venons de les voir le 10 mars 1850 investir du mandat législatif les candidats d'un parti qui a deux fois allumé la guerre civile au sein de leur cité, et dont le triomphe entraînerait non-seulement la ruine de la capitale, mais la subversion complète de la société française!

Tandis que les discordes parisiennes absorbaient toutes les forces du royaume, l'Angleterre regagnait le terrain que Charles V lui avait repris. Le désastre d'Azincourt fit rentrer dans Paris le duc de Bourgogne, déserteur de la cause nationale, à la place du jeune duc d'Orléans, fait prisonnier sur le champ de bataille. On n'envoya point de secours à Rouen, dont la résistance atteignait les dernières limites de l'héroïsme, mais on incarcéra les Armagnacs et les *suspects*, on les massacra dans les prisons, et la populace réunie en armes dans les préaux reçut à la pointe des piques les prisonniers qu'on lui jetait par les fenêtres.

Paris expia ces sanglantes saturnales par une horrible famine, des épidémies sans nom, une mortalité sans exemple. Le royaume épuisé tomba sous la domination étrangère, et un prince anglais, soi-disant roi de France, fit à ce titre une entrée solennelle dans cette capitale à qui semblent éternellement dévolues l'origine et la consommation de nos malheurs.

Il fallut un miracle et toute l'énergie des

communes pour arracher la France de l'abîme où les factions de Paris l'avaient précipitée. Comment la démagogie parisienne a-t-elle profité de ces terribles leçons en 1792, 1793, 1794? Comment en profiterait-elle encore aujourd'hui, sans cette armée qui l'a vaincue et qui la maîtrise? Car les barricades de Juin ont assez prouvé combien les combattants de Février regrettaient la modération de leur première victoire. Mais les adulateurs de la multitude se gardent bien de la prémunir contre ses entraînements et ses fanatismes, en l'instruisant des crimes et des châtiments de son passé. S'ils lui parlent sans cesse de la Saint-Barthélemi, c'est pour l'animer contre le principe de l'autorité, confondu perfidement avec ses excès; mais ils ne rappellent pas au peuple de Paris que sur un seul mot d'ordre de son prévôt, il s'est fait l'exécuteur forcené de ces hautes œuvres du despotisme conçues par une étrangère nourrie dans les orages d'une république. Ils ne lui disent pas que dans beaucoup de provinces les volontés sanguinaires de Catherine de Médicis échouèrent contre l'honneur des gouverneurs et des populations catholiques, tandis qu'à Paris, où tant de gens avaient le secret de l'exécrable complot, un seul protestant fut prévenu du massacre assez à temps pour y échapper par la fuite. Vous qui rappelez si souvent aux Parisiens cette nuit infernale, remettez-leur donc aussi en mémoire la part que leurs pères y ont prise, afin qu'ils ne soient jamais plus les instruments de passions impies et de haines effrénées.

En présence des projets fédéralistes des Huguenots, la Ligue put être nécessaire pour maintenir l'unité politique de la France. Elle voulut en outre reprendre l'œuvre réformatrice et progressive des siècles précédents. Sous ce double rapport cette confédération honore le patriotisme des provinces septentrionales, où elle est née. Mais Paris dénatura encore l'entreprise par l'odieux de ses actes et le ridicule de ses manifestations. Le fanatisme des Seize, de la Sorbonne, des Moines, des Marchands, des Ecoliers, exposa le sceptre national aux dangers de choir, comme au xv° siècle, dans les mains d'un prince étranger, et porta, comme en 1356, un coup mortel à l'institution des États Généraux.

Héritiers de certains droits de ces assemblées tombées en désuétude, les parlements opposèrent aux édits bursaux une résistance légale qui pouvait ouvrir un nouvel avenir aux vieilles franchises de la patrie. Mais la Fronde, malgré ses succès dans les provinces, avorta, comme la Ligue, par suite des fautes de la cour et de la population parisienne. Ce ne seront jamais, dans les révolutions, les Mathieu Molé ni les Achille de Harlay qui dirigeront l'opinion et les mouvements des masses à Paris. Ce sera toujours un cardinal de Retz ou un Robert-le-Coq, quand ce ne sera pas un Caboche ou un Robespierre.

Les Parisiens ne semblent pas faits pour la démocratie. Les émotions de la liberté leur donnent le délire, et altèrent profondément leur nature douce et généreuse. Leur régime normal, c'est la domination absolue, la loi militaire, surtout quand elle est rehaussée par le prestige de la gloire. Sous Napoléon, ils n'eurent que de l'enthousiasme pour sa puissance. Sous Louis XIV, ils ne donnèrent pas signe de vie politique.

Au dix-huitème siècle, les écrits des philosophes et des économistes leur inspirèrent des velléités d'émancipation que réprimèrent les lettres de cachet ; mais quand la vraie philanthropie, l'esprit de sage progrès et d'honnête liberté eut remplacé sur le trône la tyrannie et la débauche, alors ils retrouvèrent toute leur fougue démagogique pour outrager, menacer, fourvoyer dans une indécision fatale, assassiner enfin de leurs gestes, de leurs cris, de leurs regards un prince, l'ami du peuple, le magnanime auxiliaire de l'indépendance américaine, qui avait pris l'initiative des améliorations et des soulagements, qui avait mis le sceau royal à nos libertés constitutionnelles. L'œuvre de la régénération nationale était achevée et n'attendait plus de modification que du développement régulier des institutions nouvelles. Le souffle des factions parisiennes chargea bientôt d'orages cet horizon si pur. Les insultes de la multitude à la majesté royale devinrent la première cause de l'émigration et de toutes les défiances qui substituèrent la force brutale à la discussion libre. La liberté fut noyée dans le sang, non par la France, mais par les clubs de Paris, par les jacobins, les tricoteuses et les massacreurs à cinq francs par jour. Voilà le milieu politique ou puisaient leurs inspirations et leurs forces ces avocats dont l'échafaud était l'argument suprême, ces théophilanthropes si ridicules, s'ils n'étaient pas si horribles, ces législateurs incapables de rien fonder, que la théorie des proscriptions et de l'assassinat juridique.

Au moment même où j'écris ces lignes, ma pensée s'achève sous la plume d'un de ces brillants écrivains, qu'on pourrait appeler la Gironde du socialisme, et que leur bon sens et leur cœur rendront un jour à la cause du véritable progrès.

« La révolution s'était suicidée au guichet de l'Abbaye... tous les crimes devaient découler du premier crime de Septembre. Lorsque l'historien veut chercher attentivement le secret de toutes les atrocités, de toutes les proscriptions, de toutes les impuissances, de toutes les guerres civiles de la première révolution, il retrouve, au revers de tous les événements, ce mot perpétuel écrit à l'encre rouge : *Septembre!*

« Vendée, Septembre ; mort du roi, Septembre ; proscription des Girondins, Septembre ; guerre civile, Septembre ; tribunal révolutionnaire, Septembre ; sans cesse enfin et partout ce mystérieux Septembre qui essayait de laver avec des flots de sang la tache du sang qu'il avait répandu sur le pavé . » (1).

Et qu'est-ce que Septembre, sinon le fait de la démagogie parisienne détruisant, par une scélératesse qui devait en enfanter tant d'autres, l'avenir de nos libertés et le fruit de nos victoires ?

Cette populace et ses tribuns ont fait plus encore ! Ils ont osé s'appeler le peuple, souiller, en le prenant, le nom de cette nation fran-

---

[1] Eugène Pelletan, feuilleton de la *Presse* du 16 avril 1850.

çaise, regardée jusqu'alors comme le type le plus aimable de la civilisation et de l'humanité !

Enfin cette écume des prisons et des bouges de Paris a eu les honneurs de nos séances parlementaires et a réellement gouverné la France !

Ce n'était point là pourtant ce que voulait Mirabeau quand il proclamait si énergiquement au sein des États de Provence, les droits des individualités provinciales. La Révolution commençait sous les auspices des parlements restaurés et des États protestant contre les abus de la centralisation. Mais le besoin de fonder l'unité du pouvoir et des lois fit perdre de vue les titres et les réclamations des diverses branches de la grande famille française. Quand l'unité fut fondée, la Commune de Paris, et la Convention taillée à son image par la guillotine, s'en emparèrent pour livrer le pays pieds et poings liés au Comité de salut public. La France glissa de ces étreintes sanglantes dans les mains énervées du Directoire, et elle allait perdre dans l'anarchie son unité et sa nationalité, sans ce

18 Brumaire, maudit des théoriciens et des rhéteurs, mais glorifié de la France entière, parce que le premier besoin et le premier droit d'un peuple, c'est d'exister.

Supposez le roi et les assemblées loin de Paris, comme la Gironde l'a voulu trop tard, tous les bienfaits de la Révolution pouvaient être à jamais acquis à la France, sans qu'elle en subit ni les crimes ni les malheurs.

Ainsi, dans tous les temps, notre progrès politique a été refoulé par les excès de la démagogie parisienne, et le despotisme est devenu le refuge du pays jeté par sa métropole dans les convulsions de l'anarchie. Voilà l'idée commune qui se rattache au souvenir de ces factions liberticides, toujours drapées du manteau de leur victime. L'histoire de Paris est celle de nos mécomptes et de nos ruines; elle se résume dans les attentats de quelques partis reproduisant à chaque siècle les mêmes calamités. Navarrois, Cabochiens, Seize, Frondeurs, Jacobins, tous ces noms d'origine parisienne ont pour corrélatif historique celui d'un souverain absolu dont ils sont séparés par une phase de guerres civiles et de désastres.

III

Paris socialiste.—Le Socialisme ne fonde rien et veut tout détruire.—Il détruira la France, si Paris continue d'être le siége du gouvernement.—Paris, capitale mal placée.—Conclusion.

Fallait-il que de nouvelles factions continuassent de nos jours cette liste fatale! Tous les inconvénients, tous les périls de la situation respective de Paris et de la France se présentent accumulés dans la révolution de Février et dans les événements ultérieurs.

Une mise en scène, un coup de main, un discours, sans la collusion volontaire de la cité, sans même aucune préméditation de la part des principaux acteurs, ont suffi pour nous précipiter du plus haut degré de prospérité qu'un peuple ait jamais atteint.

Après cette terrible secousse, la France a-t-elle enfin brisé l'autocratie de sa capitale?

Non, la sécurité intérieure du pays, sa di...
son crédit financier et politique sont restés...
merci de cette ville, qui fait des révolut...
même sans le vouloir. Sous le régime du...
frage universel et de la souveraineté nati...
directement exercée, la France a été ou...
dans sa représentation par une bande de...
tieux, attaquée à force ouverte dans sa m...
pole inondée de sang par 80,000 rebelles,...
trie dans sa politique et menacée dans...
gouvernement légal par une seconde tent...
d'insurrection, et ses pouvoirs publics de...
rent encore au sein de ce même Paris, ex...
à de nouvelles humiliations et à de nouv...
attaques! Ces dangers maintiennent le...
dans un état mortel d'angoisse et de maras...
et ses destinées n'en restent pas moins...
fiées au cratère de ce volcan, dont le tr...
intérieur mine les bases de l'édifice soci...
dont une explosion peut le bouleverser!...

Jusqu'à présent du moins la majorité p...
sienne s'était séparée des auteurs de tan...
maux, plus sensibles à Paris que partout ailleu...
Mais voilà que rendue à toute l'activité de...

— 49 —

faires par quelques mois de calme, elle revient en même temps à ses habitudes d'opposition maniaque et se jette dans les bras des ennemis de l'ordre. Paris ne nous avait pas fait assez de mal! Il vote pour les rouges, pour les socialistes, c'est-à-dire, pour la destruction de cette société dont il a la prétention d'être la tête et le cœur!

Quels sont donc les titres nouveaux du socialisme à cette adhésion inattendue? Aurait-il réussi à concilier toutes ses théories contradictoires, serait-il en mesure de réaliser son idéal de jouissances gastronomiques, sa baguette féerique va-t-elle enfin faire de la France un pays de cocagne? Il n'est nullement question de cela. Tout est encore pour lui à l'état de problème, et dans l'impuissance où le laisseraient ses incertitudes et ses luttes intestines, il ne parviendrait même pas à donner à chacun sa mangeoire et sa provende.

Écoutez plutôt un de ses organes officiels :

« Nous avons à maintenir la forme républi-

5

« came et le suffrage universel contre les efforts
« insensés, etc....

« Nous avons à élucider la grave question
« du crédit, dont la solution nous donnera l'a-
« mélioration du travail agricole et de l'indus-
« trie.

« Nous avons à trouver la meilleure forme
« d'association entre les agents et la pro-
« duction.

« Nous avons à nous faire une idée vraie de
« la liberté et à réaliser bientôt cette idée par
« l'organisation vraiment démocratique du
« gouvernement.

« Nous avons à agiter le problème de l'ar-
« mée permanente, etc....

« Nous avons à examiner, émonder et cou-
« per toutes les branches de l'organisation
« administrative, judiciaire et fiscale ; et ce
« problème, le plus négligé de tous, n'est
« certes pas le moins important.

« Nous avons à faire un choix entre l'impôt
« sur le capital, l'impôt sur le revenu, et la
« transformation de tous les impôts en primes
« dues à de véritables services publics.

« Après avoir trouvé la condition de leur
« bien-être, nous avons à donner à nos con-
« citoyens une notion plus exacte de leurs
« droits principaux, de leurs devoirs, etc., etc.

« Nous avons à organiser de la base au
« sommet l'instruction publique, l'éducation
« nationale, etc., etc..... » [1]

Ces messieurs en sont encore là. Ils ont tout cela à faire ; et n'ayant pas même taillé la première pierre de leur édifice, il leur faut au préalable jeter à terre l'édifice qui nous abrite aujourd'hui ! car, en dépit de quelques protestations dérisoires en faveur de la religion, de la famille et de la propriété, l'abolition de ces trois principes est au fond de toutes leurs doctrines. Toute leur pensée, à cet égard, se révèle dans leurs colères ; elle brille d'un sombre éclat dans une page où, à la vigueur de la touche, on reconnaît une main de maître. L'auteur entre dans l'hypothèse de ce coup d'État qu'il a plu à certains journaux de prévoir et

[1] *Démocratie pacifique,* avril 1850.

de discuter, et voici le parti qu'il se promet de
tirer de la circonstance :

« A bas l'impôt ! — En un clin d'œil les bu-
« reaux des percepteurs, directeurs, contrô-
« leurs, receveurs-généraux et payeurs, dé-
« vastés; les rôles des contributions brûlés,
« les octrois démolis ; le mur d'enceinte ou-
« vert en dix mille endroits. Les fiscaux n'en
« reviendront pas, je vous jure, ou ils seraient
« plus malins que nous !

« A bas l'usure ! à bas les dettes ! — Au
« premier signal du coup d'État, nous mettons
« garnison à la Banque, nous prenons la Bourse
« d'assaut, nous brûlons le Grand-Livre, nous
« jetons à l'eau les registres de l'hypothèque,
« nous détruisons au cri de *Vive l'Empereur !*
« les dossiers des notaires, avoués, greffiers,
« tous les titres de créance et de propriété.
« Du temple de Plutus, de la citadelle capita-
« liste, il ne restera pas pierre sur pierre.

« A bas les calottins, les jésuites, les igno-
« rantins ! — Ils ne l'auront pas volé. Quarante
« millions pour le budget des cultes, sans

« compter deux ou trois cents millions escro-
« qués aux familles, en dépit de l'article 405
« du Code pénal : c'est payer cher, qu'en
« dites-vous? la liberté de conscience. Nous
« les enfermerons si bien dans leurs capuci-
« nières, leurs évêchés, leurs chapitres, leurs
« séminaires, qu'il ne leur prendra jamais
« fantaisie de vous trahir, citoyen président,
« comme ils ont trahi tour-à-tour Louis-
« Philippe, Louis XVIII et l'Empereur.

« Mort aux tyrans!—Déclaration de guerre
« sera faite aux empereurs d'Autriche et de
« Russie, aux rois de Prusse, de Bavière et de
« Saxe ; signification au Pape, au roi de Naples
« et au duc de Sardaigne, d'avoir à déguerpir
« *instantiquo*, parce qu'ainsi le veut le peuple
« français. Ah! nous sommes un peu plus
« avancés aujourd'hui que nous ne l'étions en
« février. Nous savons ce que nous voulons et
« ce qu'ils veulent.

« Plus d'hypocrisie, plus de merci ! Faites
« votre coup d'État, les travailleurs vous
« appuieront. Pas n'est besoin de les provo-
« quer en coupant, sous leurs yeux, des arbres

« de liberté. La liberté, elle est dans le cœur
« des prolétaires ; elle ne pend pas à vos mâts
« de cocagne. Paraissez seulement au balcon
« des Tuileries en costume impérial, et la so-
« ciété qui devait renaître du développement
« régulier de ses institutions, broyée sous nos
« mains frémissantes, commencera sa palin-
« génésie par le chaos.[1] »

Oui, le chaos! c'est bien le premier et le dernier mot aussi de ces novateurs parmi lesquels Paris va chercher aujourd'hui ses mandataires. On les appelle les Barbares; il faudrait leur trouver un autre nom, si le mauvais génie de la France la livrait à leurs expériences. La destruction de la civilisation par les Barbares ne fut point systématique. Dans la Gaule méridionale, impatronisés à titre d'hôtes et de consorts au sein de la société, ils en partageaient les possessions, ils en amoindrissaient les existences individuelles, sans en détruire l'économie générale. Loin d'abolir les lois, ils

---

[1] *Voix du peuple,* février 1850.

les restaurèrent. Déjà chrétiens, ils apportaient l'exemple de mœurs austères à des populations corrompues. Au Nord, les Franks dépossédèrent une partie des propriétaires indigènes ; mais ils sentirent instinctivement la nécessité des institutions et des croyances. Ils augmentèrent les pouvoirs et les richesses du clergé ; sous son influence libératrice les liens de la fraternité chrétienne remplacèrent peu à peu les chaînes de l'esclavage ; les monastères conservèrent le dépôt des procédés et des chefs-d'œuvre de l'esprit humain, la cité survécut au naufrage de l'Empire, et, après des siècles de transformation progressive, une ère de lumière s'ouvrit encore pour l'Europe, parce qu'elle avait conservé ces principes fondamentaux qui ont leurs racines dans la nature et dans la conscience de l'homme.

Mais aujourd'hui nos barbares apportent à l'œuvre de la destruction des raffinements qui la rendent bien autrement radicale. Non-seulement ils veulent détruire l'économie sociale, la famille, les lois, les croyances, les principes, mais ils détruisent l'homme.

Qu'est-ce qui faisait l'homme jusqu'à présent? C'était le courage, une lutte opiniâtre contre la nécessité, une force d'âme supérieure aux épreuves de la vie. C'était là ce qui faisait la dignité de l'homme dans quelque condition d'existence qu'il se trouvât placé. L'artisan, par exemple, se serait dégradé à ses propres yeux en demandant la diminution des heures de travail; sa journée au contraire n'était jamais assez longue. L'ouvrage ne lui faisait pas peur, disait-il dans son mâle langage. Il l'aimait comme le soldat aime la bataille. Sa récompense était l'estime accordée au brave ouvrier, le sentiment du devoir accompli, le pain de ses enfants, souvent même cette condition de patron et de propriétaire qui lui arrivait, sans qu'il l'eût enviée. Car aujourd'hui combien d'anciens prolétaires ne sont-ils pas chefs d'atelier, patrons, bourgeois? La propriété foncière n'appartient-elle pas en grande partie à des paysans, à des hommes de main-d'œuvre? Aussi, de cette classe vigoureuse des travailleurs la sève sociale remontait-elle incessamment aux classes supérieures, qui tendent à s'étioler dans les serres chaudes de la civilisation. Réglé par une éducation vraiment philosophique, c'est-à-dire religieuse, ce mouvement ascensionel, résultat des grands principes de 89, semblait devoir préserver la France des désordres qui décomposent les sociétés.

Le socialisme détend ces nobles ressorts, en substituant à l'ardeur du travail les doléances de la convoitise. L'ouvrier que l'on apitoie sur son sort en lui en exagérant les rigueurs s'affecte de ses privations et de ses peines, comme une petite maîtresse se préoccupe de ses maux de nerfs. De nouvelles formules lui créent des besoins nouveaux. Il réclame le droit au travail en rêvant au bonheur de ne rien faire, et tandis que ses yeux s'hébètent à regarder les mirages de l'utopie, rien dans la société réelle ne le contentera plus, parce qu'il ne peut plus être content de lui-même. Les idées les plus fausses, servies par les passions les plus dangereuses, suspendent l'activité d'une émulation légitime, le corps social se détraque parce que ses membres se refusent à leurs fonctions hiérarchiques, et la décadence de la nation commence par l'énervation morale du citoyen.

Les riches fabricants et marchands de Paris, dont les suffrages ont fait l'appoint des élections du 10 mars, n'ont pas cru et n'ont pas voulu contribuer à cette désorganisation. Ils savent très-bien que le régime de l'égalité absolue serait peu favorable au commerce des diamants et des cachemires. Mais ils méconnaissent le danger de leur vote, comme ils se sont abusés sur les conséquences de cette émeute de Février par laquelle ils demandaient la réforme. En possession des suffrages de la capitale, le socialisme est en mesure de s'emparer de la France, par des voies légales, et voici pourquoi :

Ce nivellement des diverses classes de citoyens qui retrempe la vitalité du pays dans un renouvellement perpétuel répondait évidemment aux droits de l'homme, et par conséquent aux intérêts de la société. C'est un point sur lequel presque tout le monde est aujourd'hui d'accord. Mais ce grand progrès a eu pourtant ses inconvénients, comme toutes les choses humaines. Il a isolé l'individu dans la vie politique, et l'a placé seul, faible et imperceptible unité, en face de la souveraineté nationale. Autrefois le citoyen trouvait entre lui et la société la noblesse, les parlements, les États, les corporations, qui bornaient sa sphère d'action, mais qui dirigeaient et protégeaient son existence. Dans le vide immense qu'ont fait autour de lui l'égalité civile et le suffrage universel, ne rencontrant d'autre guide que l'opinion, il subit ordinairement les influences dont il se trouve entouré, il se règle sur l'esprit et les intérêts de sa commune. Mais que des crises violentes viennent à ébranler le pays, l'individu ne trouve plus de garanties suffisantes dans l'organisation de sa petite municipalité. Il cherche un point d'appui plus résistant; il se donne à cette grande faction qui a des agents partout, il obéit à l'attraction de cette grande commune qui fait et défait les gouvernements, dont la prééminence survit à toutes les institutions, qui agit souverainement sans mandat, comme sans cause, et ne rend compte de ses actes qu'en disant : La France, c'est moi !

Ainsi, Paris entraîne tout dans son orbite. Il a soumis la France au joug de la terreur, il pourra la soumettre au joug du socialisme, si l'on ne se hâte d'ôter à sa propagande l'ascendant d'une position métropolitaine. Le mal fait plus de progrès qu'on ne le suppose d'après les dernières élections. Beaucoup de communes rurales, qui ont voté récemment pour les défenseurs de l'ordre, sont cependant sur le point de céder à cet attrait de la nouveauté si puissant sur la légèreté française. Toutes les mesures du pouvoir contre un pareil entraînement ne produiront sur les masses qu'une impression bien faible, au prix de ces pompeuses promesses qui leur sont jetées par la grande voix de la capitale.

Sans doute le règne du socialisme passera vite comme toutes les choses violentes et fausses; mais dans quel état, et entre quelles mains laissera-t-il le pays? Notre unité nationale en réchappera-t-elle? Rentrerons-nous dans les voies normales de la conservation et du progrès? Dieu le veuille! Mais alors quelque autre espèce de fièvre, quelqu'une de ces maladies mentales qu'on rencontre de temps à autre dans l'histoire de l'humanité, s'emparera encore de Paris et nous jettera dans de nouvelles convulsions ; car nous sommes ainsi faits, qu'une même enceinte de murailles ne peut pas réunir, sans péril constant pour la France, le gouvernement et un million de Français, l'extrême misère et le luxe le plus éblouissant, le théâtre principal de l'ambition et ses plus puissants moyens.

La discorde et l'anarchie sont d'ailleurs les conditions habituelles de toutes les cités qui forment ou prétendent former à elles seules un état démocratique. Sans parler de celles de la Grèce et de l'Italie, nos villes méridionales qui, au moyen âge, n'avaient pas perdu, comme Paris, leur indépendance municipale, épuisaient en luttes intestines ce que leur laissaient de forces les guerres extérieures. Pourquoi laisserions-nous aujourd'hui les difficultés de notre démocratie française se compliquer de toutes les crises de la plus turbulente de nos populations ? Dégageons les affaires du pays de cette fermentation toute locale, qui ne se généralise qu'en agissant directement sur les organes essentiels de notre système politique. Isolons le foyer du mal. Paris a des intérêts, des contrastes, des disparités, des besoins tout-à-fait exceptionnels. Ce n'est pas évidemment sur ce terrain qu'il convient d'ouvrir la lice de nos discussions législatives. Il faut donner au pouvoir exécutif toute sa liberté d'action, au pouvoir législatif toute sa sincérité et son indépendance, en fixant l'un et l'autre dans le plein milieu de notre atmosphère sociale.

De l'histoire de la monarchie française il ressort, presque à chaque règne, que la résidence des pouvoirs publics à Paris est un contre-sens politique, cause de leur ruine et de nos malheurs.

La démonstration du même fait continue, plus évidente que jamais, sous la République.

Peu importe à la démocratie parisienne l'origine, le titre, le caractère du pouvoir. Entre elle et lui, quel qu'il soit, il y aura toujours incompatibilité. Leur divorce est donc la première mesure à prendre pour le repos du pays, condamné par cette contention interminable à des souffrances perpétuelles.

Quand l'électeur ne verra plus ses représentants et le Président de la République exposés tous les jours à une lutte corps à corps avec les rues de Paris si souvent victorieuses, il croira à la durée des institutions, et il y contribuera dans la limite de ses droits et de ses forces, parce qu'il sera sûr d'y trouver sa sauvegarde. Quand l'Assemblée législative pourra délibérer sans se préoccuper des vociférations d'un faubourg, elle reflétera nettement l'opinion et la volonté publique, elle en deviendra le foyer permanent et le point de libre convergence; elle déterminera entre le pouvoir et le pays un rayonnement vrai et direct, qui n'a jamais existé, parce que le pouvoir a toujours été renfermé dans la sphère de la politique de Paris.

Pierre-le-Grand, voulant soustraire son gouvernement réformateur à l'influence des vieux préjugés moscovites, a déplacé le siége de son empire pour le porter dans les glaces de la Néva. Constantin, voyant Rome trop corrompue pour repousser les Barbares, a transféré sa chaise curule aux rivages du Bosphore. C'était le récépage du chêne qui meurt par la tête. Si cette translation a pu ranimer la vieille Asie et reculer de dix siècles la chute du trône des Césars, quels résultats n'aurait-elle point dans cette France où la sève surabonde et dont la tête seule est pour tout le reste une cause de souffrance et de désordre? car, il le faut remarquer, les désordres de Lyon, de Marseille, de Rouen, de Limoges, n'ont jamais été que les contre-coups des révoltes et les effets de la propagande parisienne.

Pour assurer à cette régénération tout l'avenir que comporte la vitalité de notre pays, il suffirait que sa nouvelle capitale ne fût susceptible d'aucun accroissement, et que désormais les pouvoirs publics ne pussent jamais être enveloppés d'un microcosme tel que celui dont ils subissent aujourd'hui la pression. En contact immédiat avec la France, ils auront une vue ferme de ses besoins, ils procéderont aux améliorations possibles, aux réformes nécessaires, sans être influencés par aucune fascination ni entravés par aucune résistance.

Et ce Paris dans lequel la France s'admire comme dans la merveille de sa civilisation et de son génie, le Paris des arts, de l'industrie, des sciences et des lettres, le vrai Paris enfin, n'aura certainement qu'à gagner à ne plus être la ville des émeutes et des révolutions ; car il n'aura plus d'émeutes, il faut l'espérer, quand elles seront inutiles, n'ayant plus sous la main de gouvernement à renverser. Alors le monde civilisé reconnaîtra sa capitale dans cette cité que depuis deux ans il regarde comme son fléau.

Le projet est étrange, nouveau, au rebours de ce qui s'est vu jusqu'à présent. Qu'importe, dans une question de vie ou de mort pour le pays ? Je prévois d'autres objections. Aucune ne me paraît de nature à prévaloir contre une impérieuse nécessité. Les plus sérieuses trouveront peut-être leur réfutation implicite dans les considérations par lesquelles je termine.

Les capitales bien placées naissent marquées du signe de leur perpétuelle grandeur ; elles naissent par les mêmes causes qui font leur accroissement et leur suprématie; c'est la nature elle-même qui les désigne au choix de l'homme, et qui les maintient ou les fait remonter à leur rang. Les siècles, les dynasties, les empires s'abîment; mais du sein des ruines amoncelées, Memphis, Rome, Constantinople, Londres, secouant la poussière des révolutions, émergent et reparaissent toujours sur la scène du monde, le front ceint d'une impérissable couronne.

La domination de Paris ne remonte pas, comme celle de ces métropoles, à des causes primordiales et indestructibles. Elle n'a pas sa raison d'être dans la nature des choses; c'est une puissance née des hasards de la guerre, et qui, pour l'équilibre du gouvernement de notre pays, aurait dû disparaître avec les derniers vestiges de la conquête.

En devenant la capitale de la France, Paris est devenu un obstacle à la formation pacifique de l'unité française. A deux reprises différentes, les provinces méridionales avaient imploré la protection de nos rois contre la tyrannie de l'Angleterre. Si Louis-le-Jeune et Philippe-Auguste les eussent reçues à foi et hommage, si, moins dominés par les traditions attachées au berceau de leur dynastie, ils eussent transféré leur trône de Paris à Bourges qui leur avait été vendu, au lieu de cette agrégation violente dont les ressentiments ne sont pas encore éteints, les provinces auraient dû à ces rois une assimilation fondée sur une ancienne communauté nationale. Les guerres que les rois de Paris, comme les appelaient nos méridionaux, eurent à démener, pour recomposer, sous le nom de France, la vieille unité politique de nos pères, étouffèrent la civilisation du midi, et retardèrent par là même le développement de la civilisation du nord. Du fond de leur ville septentrionale, ils parvinrent à fonder la monarchie féodale et la monarchie absolue ; mais ils ne purent constituer ni l'unité nationale de la langue, ni l'unité administrative des États, ni l'unité juridique des coutumes et des parlements, ni enfin l'unité du dogme et de l'état religieux. Louis XI, qui poursuivit avec une si terrible énergie quelques-uns de ces divers résultats, vit bien qu'il ne lui suffirait pas pour y atteindre de créer les routes, les postes, l'imprimerie, de rendre permanents les offices de judicature et de décapiter l'aristocratie; il se rappela les heureux effets du séjour forcé de son père dans le Berri, et quand il eut mis fin à ses démêlés avec l'Artois et la Bourgogne, il se rapprocha du centre de son royaume en fixant sa résidence au bord de la Loire.

Bon exemple dont l'imitation nous eût procuré quelques siècles plus tôt les avantages de la centralisation. En reportant leur trône aux rives de la Seine, nos rois nous ont privés de ces traditions de l'administration romaine qui s'étaient perpétuées dans les provinces du sud, et qui ne nous furent rendues qu'à la fin du siècle dernier par les Siméon, les Cambacérès et les Daru.

Comme elles faussaient le gouvernement et l'administration, l'influence de cette résidence royale faussait également l'histoire. Les annales individuelles de la Normandie, de la Bretagne, de la Guienne, de la Provence, tous nos titres de gloire et de franchises locales furent sacrifiés au dessein de nous livrer à la merci d'une monarchie s'arrogeant les droits d'une conquête uniforme et soudaine sur tout le pays qui s'est appelé la France. On a voulu attribuer à toutes nos provinces la condition politique qui fut celle du Parisis. C'est seulement de nos jours que le génie des Thierry et des Guizot, la science des Fauriel et des de Barante a rendu à notre histoire sa vraie physionomie et l'a remise dans ses voies nationales.

Du reste, les populations n'ont jamais été dupes de ce mensonge des chroniques rédigées au point de vue parisien. Elles n'ont jamais vu dans Paris le nœud de leur unité politique. C'est sur tous les champs de bataille, depuis Fornoue jusqu'à Isly, c'est dans les bras de cent victoires que les Français du nord et ceux du midi se sont reconnus frères. L'unité de la France n'est point dans Paris : elle est dans le cœur de chacun de ses citoyens et de ses soldats.

Ne craignez donc pas de déchirer les entrailles du pays, en déplaçant le siége des pouvoirs publics. Consultez les provinces. De la

Flandre au Béarn, de la Bretagne à la Provence, toutes les populations appelleront de leurs vœux le jour de ce déplacement, comme un jour de délivrance et de salut, excepté toutefois les populations atteintes de la contagion du socialisme. Mais cette exception même démontrera la portée et l'urgence de la mesure. Paris perd la France, dont il a toujours fait le malheur, parce qu'elle lui a toujours appartenu. Vous la sauverez en la rendant à elle-même.

Il faut donc :

1° Que le gouvernement de la république porte dans le plus bref délai sa résidence provisoire à Bourges, ou dans toute autre ville centrale;

2° Qu'immédiatement après cette translation, il détermine le lieu de sa résidence définitive et arrête toutes les mesures nécessaires dans l'intérêt de son indépendance, de sa force et de sa dignité.

www.ingramcontent.com/pod-product-compliance
Lightning Source LLC
LaVergne TN
LVHW020952090426
835512LV00009B/1860